AF473322

Marie Walewska

Double Suite

des

Hors-Texte en Sanguine

Les Maitresses de Napoléon

MARIE WALEWSKA

Collections Édouard Guillaume
"Lotus Bleu"

FRÉDÉRIC MASSON

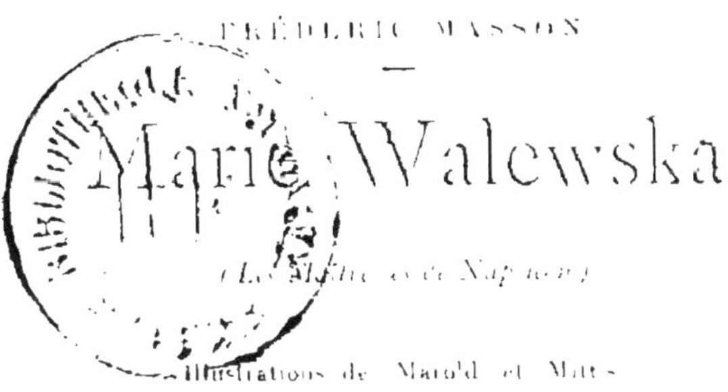

Marie Walewska

(La M[illegible] de Napoléon)

Illustrations de Marold et Mittis

PARIS

LIBRAIRIE BOREL

[illegible]

21, Quai Malaquais, 21

MDCCCXCVII

IL A ÉTÉ TIRÉ DE CET OUVRAGE

Quelques exemplaires sur papier teinté *Primevère*

25 exemplaires numérotés, sur papier du *Japon*; 25 exemplaires numérotés sur papier de *Chine*.

Marie Walewska

Le 1er janvier 1807, Napoléon, venant de Pulstuck et se rendant à Varsovie, s'arrête un instant pour changer de chevaux à la porte de la ville de Bronie. Une foule y attend le libérateur de la Pologne, une foule enthousiaste et hurlante qui, dès que la voiture impériale est en vue, se précipite.

La voiture s'arrête ; un officier général, Duroc, en descend et se fait place jusqu'à la maison de poste. Au moment où il pénètre, il entend des cris désespérés, il voit des mains levées qui le supplient, et une voix dit en français :

« Ah ! monsieur, tirez-nous d'ici et faites que je puisse L'entrevoir un seul instant ! »

Il s'arrête : ce sont deux femmes du monde perdues dans cette multitude de paysans et d'ouvriers. L'une, celle qui vient de lui adresser la parole, semble une enfant : elle est toute blonde, avec des grands yeux bleus très naïfs et très tendres, qui brillent en ce moment comme d'un délire sacré. Sa peau très fine, rose d'une fraicheur de rose thé, est tout empourprée par la timidité. Assez petite de taille, mais merveilleusement prise, si souple et si ondulante qu'elle est la grâce même, elle est vêtue très simplement, coiffée d'un chapeau sombre à grand voile noir.

Duroc a tout vu d'un coup d'œil ; il dégage les deux femmes, et, offrant la main à la blonde, il la conduit à la portière de la voiture.

« Sire, dit-il à Napoléon,

voyez celle qui a bravé tous les dangers de la foule pour vous. »

L'Empereur ôte son chapeau, et, se penchant vers la dame, commence à lui parler ; mais elle, comme inspirée, éperdue et affolée par les sentiments qui l'agitent, dans une sorte de transport, dit-elle elle-même, ne lui laisse point achever sa phrase.

« Soyez le bienvenu, mille fois le bienvenu sur notre terre ! s'écrie-t-elle. Rien de ce que nous ferons ne rendra d'une façon assez énergique les sentiments que nous portons à votre personne, ni le plaisir que nous avons à vous voir fouler le sol de cette patrie qui vous attend pour se relever! »

Pendant qu'elle jette ces mots d'une voix haletante, Napoléon la regarde attentivement. Il prend un bouquet qu'il a dans sa voiture et le lui présente :

« Gardez-le, lui dit il, comme garant de mes bonnes intentions. Nous nous reverrons à Varsovie, je l'espère, et je réclamerai un merci de votre belle bouche. »

Duroc a repris sa place auprès de l'Empereur ; la voiture s'éloigne rapidement, et, quelque temps encore, par la portière, on voit s'agiter en manière de salut le chapeau de Napoléon.

Cette jeune femme se nommait Marie Walewska. Elle était née Laczinska ; d'une famille ancienne, mais très pauvre, de plus singulièrement nombreuse : six enfants. M. Laczinski étant mort lorsque sa fille Marie était encore en bas âge, sa veuve, tout occupée à faire valoir le très petit domaine qui constituait leur fortune, avait mis ses filles en pension. Elles avaient appris un peu de français et d'allemand, un peu de musique et de danse.

A quinze ans et demi, Marie était revenue à la maison maternelle, médiocrement savante, mais parfaitement chaste, et n'ayant en son cœur que deux passions : la religion et la patrie.

L'amour qu'elle avait pour son Dieu n'était balancé en elle que par l'amour qu'elle professait pour son pays. C'étaient là les mobiles uniques de sa vie, et, pour la sortir de son caractère, d'une douceur ordinairement sans réplique, il suffisait de lui dire qu'elle épouserait un Russe ou un Prussien, un ennemi de sa nation, schismatique ou protestant.

A peine était elle rentrée chez sa mère que, à la suite de circonstances singulières, deux grands partis se présentèrent en même temps pour elle, et Madame Laczinska lui signifia qu'elle dût choisir l'un ou l'autre de ces prétendants inespérés : l'un était un jeune homme charmant, qui avait tout pour plaire et qui lui agréait au premier coup d'œil. Il était prodigieusement riche, fort bien né, merveilleusement beau, mais il était Russe : il était le fils d'un des généraux qui avaient le plus durement opprimé la Pologne. Jamais elle ne consentirait à devenir sa femme.

Alors, il fallut bien accepter l'autre, le vieux Anastase Colonna de Walewice-Walewski. Il avait soixante-dix ans, il était veuf pour la seconde fois, et l'aîné de ses petits-enfants avait neuf ans de plus que Marie. N'importe ! il était très riche ; dans ce pays qu'habitaient les Laczinski, il était *le* seigneur, celui qui tenait toutes les terres, qui avait *le* château, qui donnait la loi, qui seul recevait les voisins pauvres et leur offrait à dîner. Il avait été chambellan du feu roi ; il portait sur son habit, aux grands jours, le cordon bleu de l'ordre de l'Aigle blanc. Il était le chef d'une des plus illustres maisons de Pologne, une maison, qui authentiquement, se rattache aux Colonna de Rome, porte les mêmes armes, et qui, par suite, passe en ancienneté toutes les familles du Royaume et de la République. Comment Madame Laczinska ne se fût-elle pas éprise d'un tel gendre !

Marie n'essaya même point de résister en face, car, à la première objection qu'elle avait faite, il avait été répondu d'une manière frappante ; mais elle tomba malade d'une fièvre inflammatoire qui la tint quatre mois entiers entre la vie et la mort. A peine convalescente, on la mena à l'autel.

Trois années se passèrent, où la jeune femme, souffreteuse, vécut dans ce château solitaire de Walewice, prenant uniquement ses consolations dans une piété qui s'exaltait chaque jour. Enfin, elle devint enceinte, elle eut un fils.

Tout se ranima pour elle : son fils recommencerait sa vie manquée, il aurait droit à la part de bonheur qu'elle n'avait pas obtenue. Mais cet enfant, faudrait il donc qu'il vécût, comme elle, sur une terre annexée qui n'est plus une patrie? faudrait-il qu'il subit, comme elle, la servitude, et qu'il mendiât du vainqueur, comme avait fait son père, ses titres et ses biens? Elle veut que son fils soit un Polonais et un homme libre, et pour cela que la Pologne se relève et se délivre.

Celui qui vient d'abattre l'Autriche, et qui déjà, à Austerlitz, s'est mesuré avec la Russie, va se heurter à la

Prusse et à ses alliés. Napoléon est l'adversaire providentiel des puissances co partageantes; donc, il est l'ami, le sauveur désigné de la Pologne. Il s'est mis en marche, il a marqué chacune de ses étapes d'un nom de victoire, il a dissipé comme une fantasmagorie vaine l'armée prussienne, il est entré à Berlin, il approche des frontières de l'ancien royaume... alors, c'est une fièvre qui s'empare de tous, d'elle surtout, une fièvre d'enthousiasme et d'attente. Walewice est loin des nouvelles : où en aura t-elle, sinon à Varsovie? Son mari, qui est patriote lui aussi, qui même a fait, en l'an XI, le voyage de Paris pour voir le Premier Consul et qui alors lui a été présenté, lui propose de venir à la ville. Ils arrivent, ils s'installent. La maison est montée sur un pied convenable, car il faut tenir son rang et il faut que la jeune femme fasse son entrée dans le monde. Elle, qui sent ce qui lui manque, qui craint de faire des fautes en parlant français, qui est timide et ne se sent nul appui ni de famille ni de relations, redoute infiniment de se montrer, surtout d'aller à La Blacha, le palais du prince Joseph Poniatowski, le centre de la haute société. Elle se résout, sur l'ordre formel de son mari, aux visites d'obligation, mais elle s'en tient là. Elle demeure donc presque une inconnue, et malgré sa beauté nul ne s'occupe d'elle.

On annonce la prochaine venue de l'Empereur, et chacun s'agite pour l'accueillir, pour faire à Varsovie mieux qu'on n'a fait à Posen. Tout est sens dessus dessous; il faut que Napoléon soit satisfait : le sort de la Pologne en dépend. La jeune femme veut être la première à le saluer, et, sans raisonner, sans comprendre la portée de sa démarche, elle engage une de ses cousines à l'accompagner, monte précipitamment en voiture et court à travers tous les obstacles jusqu'à Bronie.

Après avoir vu s'éloigner la voiture impériale, elle reste longtemps à la même place, regardant encore dans l'espace, comme interdite. Il faut, pour qu'elle reprenne ses esprits, que sa compagne lui parle et la pousse. Elle enveloppe alors soigneusement dans un mouchoir de batiste le bouquet que l'Empereur lui a offert, remonte en voiture et ne rentre chez elle que tard dans la nuit.

Son dessein arrêté est de garder un complet silence sur ce voyage, de ne point se faire présenter à l'Empereur, de ne se montrer à aucune fête; mais sa compagne de route, bien qu'elle lui ait recommandé la discrétion, est trop fière de l'aventure pour la taire.

Un matin, le prince Joseph Poniatowski fait demander l'heure où elle sera visible. Il vient dans l'après-midi, et, avec un gros rire qui veut la mettre de complicité, l'invite à un bal qu'il va donner. Comme, en rougissant, elle se défend de comprendre, il lui explique que, à un des dîners qui ont été offerts à l'Empereur, Napoléon a paru remarquer une princesse Lubomirska : on s'est ingénié dès lors à la lui montrer;

mais Duroc vient de révéler que si son maître prêtait quelque attention à la princesse, c'est qu'elle lui rappelait une délicieuse inconnue aperçue à la poste de Bronie.

Qui était cette inconnue ? Les détails de l'aventure, Duroc, les avait tous donnés : il avait décrit minutieusement les traits du visage et le caractère de la toilette ; mais Poniatowski ne devinait point, et il s'en désespérait, lorsqu'une indiscrétion l'a mis sur la voie, et il est accouru.

L'Empereur l'a remarquée : il faut qu'elle vienne au bal. Elle refuse ; il insiste :

« Qui sait ? dit il, peut-être

le ciel se servira-t-il de vous pour rétablir la patrie ! »

Elle ne cède point, et il se retire dépité ; mais à peine est-il sorti qu'on annonce successivement les principaux représentants de la Pologne, « les hommes d'État dont l'autorité repose sur la considération, l'estime publique et la déférence dûe à leur conduite et à leurs lumières ». Chacun d'eux sait ce dont il s'agit et s'empresse aux mêmes compliments, aux mêmes insinuations.

Ce n'est point assez : voici le mari. Lui seul ignore l'aventure de Bronie ; il ne voit dans cette insistance que la reconnaissance par ses pairs du rang qu'il occupe, que l'approbation publique donnée au choix qu'il a fait de cette jeune femme, hors de son monde, pour sa troisième épouse, et, plus que tous les autres, il insiste, traitant ses craintes de timidité ridicule et de défaut d'usage. Ce n'est pas assez qu'il prie, il ordonne. Elle cède donc, elle ira au bal. Elle n'y met qu'une condition : c'est que, toutes les femmes ayant déjà été présentées, elle ne sera point l'objet d'une présentation isolée qui redoublerait son embarras.

Le grand jour arrive : son mari presse sa toilette ; il craint d'arriver en retard, après le départ de l'Empereur. Il fait ses objections et ses critiques : il aurait voulu une toilette extrêmement élégante et riche, tandis qu'elle a choisi une robe tout unie, de satin blanc, avec une tunique de gaze, et que, sur ses cheveux, elle a posé simplement un diadème de feuillage. Elle entre. Elle traverse les salons au milieu d'un murmure flatteur. On l'installe entre deux dames qu'elle ne connait pas, et, tout de suite, Joseph Poniatowski se précipite et vient se placer derrière elle :

« ON vous a attendue avec impatience, lui dit il. ON vous a vue arriver avec joie. ON s'est fait répéter votre nom jusqu'à l'apprendre par cœur. On a examiné votre mari, On a haussé les épaules en disant : Malheureuse victime ! et l'On m'a donné l'ordre de vous engager à la danse ».

— Je ne danse pas, répond-elle. Je n'ai nulle envie de danser. »

Le prince répond que c'est un ordre, que l'Empereur observe s'il est exécuté ; que, si elle ne danse pas, c'est lui-même qui sera compromis, que le succès du bal dépend uniquement d'elle. Elle s'obstine plus encore à refuser. Poniatowski n'a qu'une ressource : il va trouver Duroc, qui reçoit sa confidence et la reporte à l'Empereur.

Autour de la belle inconnue, plusieurs des brillants officiers de l'état-major s'approchent et papillonnent. Ce qui n'est point un secret pour les Polonais en est un pour les Français. Napoléon, alors, emploie les grands moyens pour écarter ces rivaux inconscients. C'est Louis de Périgord qui parait le plus empressé : l'Empereur fait signe à Berthier et lui ordonne d'expédier sur-le-champ cet aide de camp au 6e corps, sur la Passarge. Puis c'est Bertrand ; nouveau signe : Bertrand partira immédiatement pour le quartier général du prince Jérôme, devant Breslau.

Cependant les danses sont suspendues; l'Empereur parcourt les salons, semant des phrases qu'il veut rendre aimables, mais qui, par la préoccupation où il est, tombent singulièrement à faux.

A une jeune fille il demande combien elle a d'enfants, à une vieille demoiselle si son mari est jaloux de sa beauté, à une dame d'un embonpoint monstrueux si elle aime beaucoup la danse. Il parle comme sans penser, sans entendre les noms qu'on lui dit, sans que ces noms rappellent rien à son esprit de la leçon apprise, les yeux et l'esprit uniquement tendus sur une femme, la seule qui à ce moment existe pour lui.

Il arrive devant elle; ses voisines la poussent du coude pour qu'elle se lève, et, debout, les yeux baissés, singulièrement pâle, elle attend :

« Le blanc sur le blanc ne va pas, Madame », dit il tout haut, et il ajoute presque bas : « Ce n'est pas l'accueil auquel j'avais droit de m'attendre après... »

Elle ne répond rien.

Il l'observe un moment et passe.

Quelques minutes après, il quitte le bal. Aussitôt le cercle se rompt ; on s'empresse à se raconter ce que Napoléon a dit à l'une et à l'autre; mais, surtout, que lui a-t-il dit à *Elle* ? qu'est-ce que cette phrase à voix haute ? qu'est-ce, surtout, que cette phrase à voix basse dont les plus proches n'ont entendu que le dernier mot ?

Elle s'esquive, mais, en voiture, le mari recommence les questions ; puis, sur son silence, il l'avertit qu'il a accepté une invitation à un diner où l'Empereur doit se trouver. Il lui recommande une toilette plus recherchée, et il la quitte brusquement à la porte de son appartement, au moment où elle est tentée de lui avouer, avec son imprudence de Bronie, toutes les sollicitations dont elle est l'objet et toutes les inquiétudes qui l'obsèdent.

A peine est-elle entrée chez elle, que sa femme de chambre lui remet ce billet, qu'elle déchiffre à grand'-peine :

« *Je n'ai vu que vous, je n'ai admiré que vous, je ne désire que vous. Une réponse bien prompte pour calmer l'impatiente ardeur de*

« *N.* »

Elle froisse avec dégoût ce papier, dont le style la révolte ; mais, dans la rue, quelqu'un attend, et c'est Joseph Poniatowski.

« Il n'y a point de réponse »,

dit-elle, et elle envoie la femme de chambre le signifier ; mais le prince ne se tient point pour battu, il suit la messagère, il pénètre jusqu'à l'appartement. Elle n'a que le temps de s'enfermer à double tour. Elle déclare, à travers la porte, que sa résolution est immuable : elle ne répondra point, de même qu'elle n'a pas dansé. Le prince prie, supplie, menace, et, au risque d'un scandale, s'éternise une demi-heure contre cette porte close. Il part enfin, furieux.

Le lendemain, à peine est-elle éveillée que sa femme de chambre lui remet un second billet. Elle ne l'ouvre point, le réunit au premier, et ordonne qu'on les rende tous deux au porteur. Que faire de mieux? Elle a dix-huit ans; elle est seule, sans conseil, sans direction; et que peut-elle contre tous et contre tout?

Dès le matin, son salon s'emplit, c'est un tourbillon. Il y a tous les personnages de la nation, les membres du gouvernement, le grand maréchal Duroc. Elle refuse de paraître, prétexte une migraine, se renferme obstinément dans sa chambre, où elle s'étend sur sa chaise longue; mais son mari vient, éclate en fureur, et, pour prouver qu'il n'est point, comme on le dit, un jaloux, il introduit de force le prince Joseph et les Polonais.

Devant eux, il exige qu'elle se laisse présenter, qu'elle assiste au dîner où elle est invitée. Les Polonais font chorus. L'un d'eux, le plus âgé, le plus respecté et le plus écouté des chefs du gouvernement, la regarde fixement, et lui dit d'un ton sévère :

« Tout doit céder, Madame, en vue de circonstances si hautes, si majeures pour toute une nation. Nous espérons donc que votre mal passera d'ici au dîner projeté, dont vous ne pouvez vous dispenser sans paraître mauvaise Polonaise. »

Il faut donc qu'elle se lève,

et, sur l'ordre de son mari, elle se rend chez Madame de Vauban, la maîtresse du prince Joseph, pour recevoir ses conseils sur la toilette qu'elle doit mettre et sur l'étiquette des cours. Là est le comble de l'habileté, car la livrer à Madame de Vauban, c'est la livrer à Napoléon même. Madame de Vauban, d'ailleurs, n'y voit pas malice et joue son rôle au naturel. Née Puget Barbentane, ayant vécu à Versailles, réfugiée à Varsovie depuis l'émigration, et là, vivant publiquement avec un ancien amant retrouvé, elle estime que donner une maîtresse à un souverain, que ce souverain se nomme

Louis XV ou Napoléon, est la mission la plus importante qu'il soit permis à un courtisan de remplir; quant aux scrupules, à la pudeur, au devoir, à la fidélité conjugale, elle n'a jamais pensé qu'une femme au monde pût mettre ces préjugés en balance avec certains avantages.

Toutefois, ici, ce ne sont point ces avantages qui peuvent tenter; elle sent qu'il faut manœuvrer, qu'on n'aura raison de cette vertu qu'en employant des ressorts qui, à elle, ne sont pas familiers, et, après avoir accablé la nouvelle venue de protestations et de compliments, elle la confie à une jeune femme qui est chez elle un peu comme une dame de compagnie; qui, divorcée et sans fortune, jolie, vive, étourdie, spirituelle, bien plus rapprochée par l'âge de Madame Walewska, a tout pour lui plaire, jusqu'à l'exaltation vraie ou feinte du patriotisme le plus ardent. « Tout, tout pour cette cause sacrée! » répète-t elle à chaque instant.

Elle s'insinue dans sa confiance, se glisse en ce cœur qui n'a jusque-là point connu d'amitié, qui aspire à s'épancher et se livre sans le savoir. Elle se met au mieux avec le mari, elle ne quitte point la femme, et lorsque, par ses discours, ses exclamations, ses délires patriotiques, elle la juge ébranlée, elle lui lit cette lettre écrite et signée par les personnages les plus considérables de la nation, les membres mêmes du Gouvernement provisoire :

« Madame, les petites causes produisent souvent de grands effets. Les femmes, en tout temps, ont eu une grande influence sur la politique du monde. L'histoire des temps les plus reculés comme celle des temps modernes nous certifie cette vérité. Tant que les passions domineront les hommes, vous serez, Mesdames, une des puissances les plus redoutables.

« Homme, vous auriez abandonné votre vie à la digne et juste cause de la Patrie. Femme, vous ne pouvez la servir à corps défendant, votre nature s'y oppose. Mais aussi, en revanche, il y a d'autres sacrifices que vous pouvez bien faire et que vous devez vous imposer, quand même ils vous seraient pénibles.

« Croyez vous qu'Esther se soit donnée à Assuérus par un sentiment d'amour? L'effroi qu'il lui inspirait, jusqu'à tomber en défaillance devant son regard, n'était-il pas la preuve que la tendresse n'avait aucune part à cette union? Elle s'est sacrifiée pour sauver sa nation et elle a eu la gloire de la sauver.

« Puissions nous en dire autant pour votre gloire et notre bonheur !

« N'êtes-vous donc pas fille, mère, sœur, épouse de zélés Polonais qui, tous, forment avec nous le faisceau national, dont la force ne peut ajouter (?) que par le nombre et l'union des membres qui le composent. Mais sachez, Madame, ce qu'un homme célèbre, un saint et pieux ecclésiastique, Fénelon, en un mot, a dit : « Les hommes qui ont toute autorité en public ne peuvent par leurs délibérations établir aucun bien effectif si les femmes ne

les aident à l'exécuter. »
Écoutez cette voix réunie à la nôtre pour jouir du bonheur de vingt millions d'hommes. »

Ainsi, c'est la famille, c'est la patrie, c'est la religion qui ordonnent de céder, c'est l'Ancien, et c'est le Nouveau Testament. Tout est mis en œuvre pour précipiter la chute d'une jeune femme de dix-huit ans, toute simple, toute naïve, qui n'a ni mari à qui elle puisse se confier, ni parents qui veuillent la défendre, ni amis qui cherchent à la sauver. Tout conspire contre elle, et, pour l'achever, on lui lit le billet de Napoléon, celui-là même qu'elle a refusé d'ouvrir et qu'elle a renvoyé :

« *Vous ai je déplu, Madame? J'avais cependant le droit d'espérer le contraire. Me suis-je trompé? Votre empressement s'est ralenti, tandis que le mien augmente. Vous m'ôtez le repos! Oh! donnez un peu de joie, de bonheur, à un pauvre cœur tout prêt à vous adorer. Une réponse est-elle si difficile à obtenir? Vous m'en devez deux.*

« *N.* »

Et au moment où l'officieuse dame achève ce billet, le mari entre. Tout fier des succès que sa femme a obtenus et dont il reporte à lui même le mérite, sans rien comprendre, sans rien soupçonner de ce qu'on attend d'elle — car il est honnête homme — il insiste encore pour qu'elle vienne à ce dîner. La pauvre enfant sent bien que le pas est décisif et qu'il l'engage. Mais tout le monde le veut : elle ira.

Jusqu'au soir, le salon ne désemplit point de visiteurs affairés, apportant de muettes félicitations, et, pour qu'elle ne s'avise pas de changer pendant la nuit, près d'elle, de planton jusqu'au matin, s'attarde la dame de confiance de Madame de Vauban.

En montant en voiture pour se rendre, ainsi contrainte, à ce dîner offert à l'Empereur, Madame Walewska se reposait sur cette idée que, n'aimant point Napoléon, elle n'avait rien à craindre de lui.

A l'arrivée, les empressements de certains invités qui l'attendaient pour solliciter déjà sa protection, achevaient de la dégoûter de sa prétendue victoire, et elle s'était bien affermie dans sa résolution de demeurer impassible, lorsque l'Empereur fit son entrée.

Il était mieux préparé que le soir du bal et mieux inspiré pour distribuer au passage des phrases courtoises; mais lorsque, ayant parcouru rapidement le cercle, il arriva à elle et qu'on la lui nomma, il dit simplement :

« Je croyais Madame indisposée ; est elle tout à fait remise ? »

Cette simple phrase, qui, par sa banalité voulue, déroutait les soupçons, lui parut à elle, par cela même, singulièrement délicate.

A table, elle se trouva placée à côté du Grand-maréchal, presque en face de l'Empereur, qui, dès qu'on fut assis, commença, avec ce ton bref qui était le sien, à questionner un des convives sur l'histoire de Pologne. Il paraissait écouter attentivement les réponses, en reprenait chaque terme et le discutait par des questions nouvelles; mais, qu'il parlât ou qu'il écoutât, ses yeux ne se détournaient guère de Madame Walewska que pour s'adresser à Duroc, avec lequel semblait établie une sorte de muette correspondance. On eût dit que les propos que Duroc tenait à sa voisine étaient dictés par ces regards et par certains gestes parfaitement naturels, et que l'Empereur exécutait comme machinalement en poursuivant un discours des plus graves sur la politique européenne.

A un moment, Napoléon porte la main au côté gauche de son habit. Duroc hésite quelques instants, regarde attentivement son maître, et, enfin devinant, pousse un « Ah ! » de satisfaction. C'est du bouquet qu'il s'agit, du bouquet de Bronie.

« Qu'est il devenu ? » demande Duroc à sa voisine.

Elle s'empresse de répondre qu'elle conserve religieusement pour son fils les fleurs que l'Empereur lui a données.

« Ah ! Madame, interrompt le Grand maréchal à demi voix, permettez qu'on vous en offre de plus dignes de vous. »

Elle sent là une allusion qui l'indigne, et riposte tout haut, en rougissant de honte et de colère :

« Je n'aime que les fleurs ! »

Duroc reste un moment interloqué.

« Eh bien ! finit il pas dire, nous allons cueillir des lauriers sur votre sol natal pour vous les offrir. »

Cette fois, il a été plus adroit, il le sent bien au trouble qu'elle témoigne.

Et que devient-elle lorsque, à la rentrée dans les salons, au milieu de la confusion d'une sortie de table, l'Empereur s'approche d'elle, et, dardant sur elle ces regards dont nul œil humain n'a pu soutenir jamais la mystérieuse puissance, il lui prend la main, qu'il presse avec force, et lui dit tout bas :

« Non ! non ! avec des yeux si doux, si tendres, avec cette expression de bonté, on se laisse fléchir, on ne se plait pas à torturer, ou l'on est la plus coquette, la plus cruelle des femmes. »

Il part ; tous les hommes le suivent, et elle se laisse entraîner chez Madame de Vauban. On l'y attend. Il n'y a là que des initiés, des convives du diner, qui s'empressent autour d'elle : « Il n'a vu que vous, il vous jetait des flammes. » Seule, elle peut près de lui plaider la cause de la nation ; seule, elle peut l'attendrir et le déterminer à rétablir la Pologne. Peu à peu, comme si l'on obéissait à un mot d'ordre, on s'écarte.

Au moment où Duroc entre dans le salon, elle

s'y trouve seule avec cette dame de confiance qui s'est faite son ombre. Les portes fermées, Duroc s'assied près d'elle, pose une lettre sur ses genoux, et, lui prenant la main, l'implore avec des douceurs dans la voix :

« Pourriez-vous, dit il, repousser la demande de celui qui n'a jamais essuyé de refus? Ah! sa gloire est environnée de tristesse, et il dépend de vous de la remplacer par des instants de bonheur. »

Il parle longuement. Elle ne répond rien. Dégageant sa main, elle en a caché son visage, et elle pleure, comme une enfant, à gros sanglots.

Mais l'autre femme répond pour elle ; elle garantit qu'elle ira au rendez-vous. Comme Madame Walewska s'indigne, elle lui fait honte de son manque de patriotisme, lui dit qu'elle est une mauvaise Polonaise, qu'on ne saurait trop faire pour Napoléon, et, congédiant le Grand-maréchal avec de nouvelles assurances, elle ouvre le billet qu'il a apporté et lit à haute voix :

« *Il y a des moments où trop d'élévation pèse, et c'est ce que j'éprouve. Comment satisfaire le besoin d'un cœur épris qui voudrait s'élancer à vos pieds et qui se trouve arrêté par le poids de hautes considérations paraly-*

....

saut le plus vif des désirs ? Oh ! si vous vouliez !... Il n'y a que vous seule qui puissiez lever les obstacles qui nous séparent. Mon ami Duroc vous en facilitera les moyens.

« *Oh ! venez ! venez ! Tous vos désirs seront remplis. Votre patrie me sera plus chère quand vous aurez pitié de mon pauvre cœur.*

« N. »

Ainsi, le sort de son pays est entre ses mains. Ce ne sont plus les autres, c'est lui-même qui le dit. L'idée que, depuis cinq jours, chacun ressasse autour d'elle s'incruste dans son cerveau : il dépend d'elle que sa patrie renaisse, que sa nation voie abolis les honteux partages, que les membres déchirés se rejoignent et que l'Aigle blanc reprenne son essor. Quel rêve ! Quel éblouissement ! Mais qu'est-elle, que sait-elle pour jouer un tel rôle ? On a la réponse prête : elle n'aura qu'à suivre les conseils dont on ne la laissera pas manquer. Elle lutte encore. Quoi ! se livrer ainsi ! Sa pudeur en est révoltée. On lui répond qu'elle n'est qu'une provinciale, que ce sont là d'imbéciles préjugés, que cela ne compte pas. Croit-elle que d'autres ne sont pas toutes prêtes à prendre la place qui lui est offerte ? Pourquoi la laisserait-elle ? pourquoi douterait-elle du bien qu'elle peut inspirer? Tout empereur qu'il est, Napoléon est un homme, rien de plus, et un homme amoureux. On lui arrache enfin : « Faites de moi ce que vous voudrez! »

Seulement, elle se refuse à écrire, à répondre au billet. Physiquement, elle n'en a pas la force. On la laisse seule pour venir demander conseil, mais on a soin de l'enfermer. Si elle allait changer d'avis, si elle allait s'évader! Elle n'y songe pas : elle réfléchit, ou plutôt, abattue par toutes ces émotions, elle rêve.

Ne peut elle, sans faillir, consentir à une entrevue? Ne peut-elle, en inspirant à l'Empereur de l'estime, de l'amitié même, obtenir sa confiance, lui faire entendre les vœux de son peuple? Il ne lui fera pourtant pas violence! Elle n'a point d'amour à lui donner, mais de l'admiration, de l'enthousiasme, une pitié reconnaissante. Elle lui dira tout cela.

Et son imagination que rien n'a dépravée, son imagination de dix-huit ans, qui ne connaît que les caresses presque platoniques d'un époux septuagénaire, s'élance aux pays du rêve, aux pays où la pudeur des femmes n'a rien à redouter de la chasteté des hommes, où, ne comptant plus les sens abolis et méprisés, les âmes se parlent, s'entendent et se complètent dans une harmonie presque divine.

On rentre. Tout est réglé : elle n'écrira pas, elle ne parlera pas. Seulement elle ne bougera pas du palais. On l'y gardera toute la journée, et, le soir, on la remettra à ceux qui doivent la venir prendre. Et lentement les heures coulent, et la pauvre femme, dans la terreur de cette attente, regarde alternativement l'aiguille qui court sur la pendule et cette porte fermée et muette par où viendra son supplice.

A dix heures et demie, quelqu'un frappe. On la coiffe en hâte d'un chapeau à grand voile, on la couvre d'un manteau ; on la conduit, inconsciente et comme égarée, au coin de la rue, où une voiture stationne. On la pousse pour la faire monter. Un homme, en long manteau et en chapeau rond, qui tient la portière, rentre le marche-pied et se place à côté d'elle. Pas un mot n'est échangé. On roule, on s'arrête à une entrée secrète du Grand-Palais, on la descend de voiture; on la mène, en la soutenant, jusqu'à une porte qu'on ouvre du dedans avec impatience. On la place sur un fauteuil.

Elle est en présence de Napoléon. Elle ne le voit pas, elle pleure. Lui est à ses pieds et commence à lui parler doucement ; mais, à un moment, ces mots « Ton vieux mari » lui échappent. Elle jette un cri, elle s'élance, elle veut fuir ; des hoquets de sanglots la suffoquent. A ce mot, toute l'horreur, toute la grossièreté, toute l'ignominie de l'acte qu'elle va commettre lui apparaît, brusquement réalisée, tangible, infâme. Lui reste étonné. Il ne comprend pas. C'est la première fois qu'il se trouve en telle posture. Cette femme qui s'est fait prier, mais point tant (car il ignore les moyens qu'on a employés), qui est venue à un rendez-vous nocturne, et qui, à présent, étouffe de sanglots et se jette sur la porte, est elle une rouée d'une coquetterie sans égale ou une naïve d'une ingénuité sans précédent? Est-ce une comédie qu'on lui joue pour mettre ses désirs à l'enchère? Mais non, il y a des cris dont l'accent ne trompe pas, des mouvements impulsifs qu'on ne simule pas, surtout à dix-huit ans.

De la porte, à laquelle elle se cramponne, il la ramène avec une tendre violence sur le fauteuil, et alors, avec une voix qui se fait plus caressante, quoique par instants et comme malgré lui il y perce le ton habituel de la domination, évitant de prononcer les

mots, d'évoquer les idées qui la heurtent, cherchant des tournures et des périphrases pour ne la point blesser, il lui fait subir un interrogatoire en règle et, par la logique irrésistible de ses questions, il lui arrache des lambeaux de réponses dont il se fait des armes. S'est-elle donnée volontairement à celui dont elle porte le nom? Est-ce par amour des richesses et des titres? Qui l'a pu décider à unir sa jeunesse, sa beauté à peine éclose, à une vieillesse décrépite, presque octogénaire? C'est sa mère qui a voulu ce mariage! « Et tu pourrais avoir des remords! » s'écrie-t-il. Mais, elle, se ré fugie alors en sa religion : « Ce qui a été noué sur la terre ne peut plus être dénoué que dans le ciel. » Il rit ; elle s'indigne et redouble ses pleurs.

En vérité, qu'est cela ? Qu'est ce fruit d'espèce nouvelle et qu'il n'a jamais encore goûté ? Quoi ! une femme qui veut rester fidèle à son mari, fidèle aux principes de sa religion, et cette femme est là, chez lui, la nuit, à ses ordres ! C'est un mystère qu'il prétend éclaircir, et il presse encore plus ses questions : l'éducation qu'elle a reçue, la vie qu'elle a menée à la campagne, les sociétés qu'elle a fréquentées, sa mère, sa famille, il veut tout savoir, et d'abord le nom qu'elle a reçu au baptême : ce nom de Marie dont toujours il l'appellera désormais.

A deux heures du matin, on frappe à la porte : « Quoi ! déjà ? dit-il. Eh bien ! ma douce et plaintive colombe, sèche tes larmes, va te reposer. Ne crains plus l'aigle, il n'a d'autres forces près de toi que celle d'un amour passionné, mais d'un amour qui veut ton cœur avant tout. Tu finiras par l'aimer, car il sera tout pour toi, tout, entends-tu bien ? » Il l'aide à rattacher son manteau, il la conduit vers la porte ; mais là, la main sur le loquet qu'il menace de ne pas ouvrir, il lui fait jurer qu'elle reviendra le lendemain.

On la ramène chez elle : elle est un peu plus calme, presque rassurée. Il lui semble que sa chimère prend un corps, que son rêve se réalise. Il a été bon, il a été tendre, nullement violent : il l'a épargnée ce soir, pourquoi pas demain ?

A neuf heures du matin, la dame de confiance est à son chevet. Elle tient un gros paquet qu'elle déballe mystérieusement après avoir soigneusement fermé la porte. Elle en tire plusieurs écrins couverts de maroquin rouge, des fleurs de serre entremêlées de branches de lauriers et une lettre cachetée. Mais à peine a-t-elle sorti des écrins un magnifique bouquet et une guirlande de diamants, à peine a-t elle tourné ces parures dans ses mains pour leur faire jeter leurs feux, que, de son lit, Madame Walewska les lui arrache et les lance, pour les briser, à l'autre bout de la chambre. Elle entend qu'on reporte à l'instant ces diamants. Croit-on donc qu'elle est à vendre et qu'il suffira de cela pour qu'elle se livre?

Ce n'est pas là de quoi troubler la messagère; elle décachette la lettre et en donne lecture.

« Marie, ma douce Marie, ma première pensée est pour toi, mon premier désir est de te revoir. Tu reviendras, n'est-ce pas ? Tu me l'as promis. Sinon, l'aigle volerait vers toi ! Je te verrai à dîner, l'ami le dit. Daigne donc accepter ce bouquet : qu'il devienne un lien mystérieux qui établisse entre nous un rapport secret au milieu de la foule qui nous environne. Exposés aux regards de la multitude, nous pourrons nous entendre. Quand ma main pressera mon cœur, tu sauras qu'il est tout occupé de toi et, pour répondre, tu presseras ton bouquet ! Aime-moi, ma gentille

. . . .

Marie, et que ta main ne quitte jamais ton bouquet !

« *N.* »

La lettre a beau dire, on ne lui fera pas accepter les diamants, pas même les fleurs, pas même les lauriers. Elle a son excuse prête : on ne porte de bouquet au côté que dans les bals, et c'est à un dîner qu'elle doit se rendre. Quant à se soustraire à ce diner, vainement l'essaierait-elle ? autour d'elle toutes les têtes sont montées, toutes les ambitions sont en mouvement ; sa famille est enivrée, son mari demeure entièrement aveugle : pas un moment il n'a la perception de ce qui se joue autour de lui, et c'est lui le plus ardent à souhaiter les invitations.

Elle arrive; on se presse autour d'elle, on l'examine on se fait présenter. Il lui semble que tous ces inconnus savent son aventure de la veille. L'Empereur est déjà là. Il paraît mécontent; il fronce ses sourcils; il regarde la pauvre femme de son œil mauvais, son œil perçant et scrutateur qui jette une flamme.

A un moment, elle le voit brusquement s'avancer vers elle, et, pantelante à la pensée d'une scène publique, de quelque éclat irréparable, elle se souvient et met sa main à la place où devrait être le bouquet. Soudain, ses traits à lui se radoucissent, son œil voile sa flamme, sa main répond par un signe analogue, et, avant qu'on ne passe à table, il appelle Duroc et lui parle un instant à l'oreille.

A peine est-elle assise, comme au précédent diner à côté du Grand-maréchal que celui-ci l'attaque de reproches sur le bouquet; mais elle riposte en prenant l'offensive sur les diamants : elle n'acceptera aucun présent de ce genre, qu'on se le tienne pour dit! Comment oserait-elle se montrer ainsi parée? Ce qui seul peut contenter son admiration et son dévouement, c'est une espérance pour l'avenir de son pays. « Cette espérance, répond Duroc, l'Empereur ne l'a-t-il pas donnée ? » Et il rappelle toute une série d'actes qui, dès maintenant, valent mieux que des promesses. Quant à savoir s'il l'aime, comment en douterait-elle ? A présent encore, il n'a d'yeux que pour elle.

Pendant qu'il paraît uniquement occupé de la conversation générale, des questions qu'il pose et des réponses qu'il reçoit, il ne cesse de tenir la main sur son cœur. Tout à l'heure, s'il a appelé Duroc, s'il lui a parlé à l'oreille, c'est pour qu'il ne manquât point de rappeler la promesse qu'elle a faite de venir le soir. Et puis, des dissertations sur la misère des grandeurs, sur le besoin qu'éprouve un souverain tel que l'Empereur de trouver un cœur qui le comprenne, sur la gloire d'une telle mission que toute femme ambitionnerait...

Elle est venue une fois, il faut bien qu'elle revienne. On prend les mêmes précautions ; on la conduit de même. Elle entre. Il est sombre, soucieux.

« Vous voilà enfin ! dit il : je n'espérais plus vous voir. »

Il la débarrasse de son manteau, lui enlève son chapeau, l'installe dans un fauteuil; puis, debout devant elle, sévèrement, il lui ordonne de se justifier. Pourquoi est-elle venue à Bronie? Pourquoi a-t-elle cherché à lui inspirer un sentiment qu'elle ne partageait pas? Pourquoi a-t-elle refusé ses fleurs, jusqu'à ses lauriers? Qu'en a-t-elle fait? Il y attachait l'espérance de tant d'*intéressants moments*, et elle l'en a privé. Sa main, à lui, n'a point quitté son cœur et sa main, à elle, est restée immobile; une fois seulement elle a répondu. Et, se frappant le front avec un geste de rage, il s'écrie :

« Voilà bien une Polonaise!

C'est vous qui m'affermissez dans l'opinion que j'ai de votre nation. »

Déjà tout émue par cet accueil, profondément troublée par ces paroles, elle murmure :

« Ah! Sire, de grâce, cette opinion, dites-la-moi. »

Et il dit alors qu'il juge les Polonais passionnés et légers. Tout se fait chez eux par fantaisie et rien par système. Leur enthousiasme est impétueux, tumultueux, instantané ; mais ils ne savent ni le régler, ni le perpétuer. Et ce portrait des Polonais, c'est son portrait à elle. N'a-t-elle pas couru comme une folle pour l'apercevoir au passage ?

Il s'est laissé prendre le cœur par ce regard si tendre, par ces expressions si passionnées, et elle a disparu. Il a eu beau la chercher ; il ne l'a point trouvée ; et quand, enfin, une des dernières, elle est arrivée, elle était de glace. Qu'elle le sache : toutes les fois qu'il a cru une chose impossible, il l'a désirée avec plus d'ardeur. Rien ne le décourage pour l'obtenir. Cette idée de l'impossible l'aiguillonne et il avance toujours.

Peu à peu, il s'exalte ; feinte ou vraie, la colère lui monte au cerveau :

« Je veux, entends-tu bien ce mot ? Je veux te forcer à

m'aimer! J'ai fait revivre le nom de ta patrie : sa souche existe encore grâce à moi. Je ferai plus encore. Mais songe que, comme cette montre que je tiens à la main et que je brise à tes yeux, c'est ainsi que son nom périra et toutes tes espérances, si tu me pousses à bout en repoussant mon cœur et en me refusant le tien. »

Devant cette violence, ces menaces, cette montre brisée qui vole en éclats, la pauvre femme tombe roide sur le parquet...

Quand elle sort de son évanouissement, elle ne s'appartient plus. Il est là, près d'elle, essuyant les larmes qui, goutte à goutte, tombent de ses yeux.

Désormais c'est une liaison, si l'on peut ainsi appeler l'habitude prise par elle de venir, chaque soir, au palais, subir, avec une passive résignation, des caresses dont elle espère toujours le prix; car ce n'est point pour si peu qu'elle s'est donnée ou plutôt qu'elle s'est laissé prendre : pour qu'un gouvernement provisoire soit nommé, qu'un embryon d'armée soit créé et que quelques compagnies de chevau-légers soient agrégées à la Garde de l'Empereur des Français.

Le seul salaire qui puisse la

contenter, qui puisse l'absoudre à ses propres yeux, c'est la Pologne rètablie comme Nation et comme État. Incapable de feindre un sentiment que son cœur n'éprouve pas, de simuler une passion qu'ignore sa pudeur, elle n'a rien de ce qu'il faut pour dominer un amant et pour le conduire, pas même assez d'habileté pour lui cacher le mobile auquel elle obéit. Elle remet chaque soir la conversation sur le seul sujet qui l'occupe ; elle reçoit des consolations, des espérances, des promesses même, mais toujours pour plus tard, pour l'avenir, un avenir dont, à présent, elle envisage le supplice sans qu'elle puisse y fixer aucun terme.

Ce n'est pas que, dans son pays, elle rencontre autour d'elle une réprobation. Sauf son mari qu'elle a dû quitter, chacun s'empresse à lui faire la cour, non comme à une favorite, mais comme à une victime, car nul n'ignore ce qu'elle souffre et combien elle est digne d'estime, de respect et de pitié. Ce sont les propres sœurs de son mari, la princesse Jablonowska et la comtesse Birginska, qui se sont instituées ses chaperons. Il ne tiendrait qu'à elle d'occuper, à Varsovie, la première place, et, si elle était autre, elle y paraîtrait en souveraine. Elle aurait des ennemis alors, mais comme elle cherche l'ombre et qu'elle ne prétend à rien, on ne la redoute pas ; on l'encense moins, mais on la plaint davantage.

Son aventure, d'ailleurs, n'a rien de choquant pour une société qui pare simplement les habitudes de polygamie orientale du scepticisme élégant apporté de Versailles ; qui a reçu et retenu les exemples de morale de Catherine la Grande et qui trouve, lorsqu'il lui plaît, dans le divorce, la sanction légale, et même religieuse, de ses fantaisies extraconjugales.

Nul grand seigneur, en ce temps là, qui, à côté de sa

femme, n'ait dans le monde une maîtresse attitrée et n'entretienne en quelqu'un de ses châteaux une ou plusieurs Géorgiennes favorites.

Par suite, Napoléon apparait aux chefs de la noblesse polonaise comme un souverain singulièrement chaste, car il fait la guerre sans traîner un harem à sa suite; il n'a point accepté les femmes qui toutes se seraient offertes à lui : il n'en a désiré qu'une, et il a attendu qu'elle se donnât.

La conduite qu'ils ont tenue eux-mêmes, ces nobles, leur semble non seulement naturelle, mais strictement obligée. Il fallait que, vehant à Varsovie et y résidant, Napoléon eût une femme, et il fallait qu'ils lui offrissent celle qui pouvait lui plaire le mieux.

Par bonheur, cette femme s'est rencontrée telle qu'en cent ans ils n'eussent point trouvé la pareille : simple, naïve, pudique, désintéressée, uniquement animée de la passion de la patrie, capable d'inspirer un sentiment durable et une passion vraie, incarnant ce qu'il y a dans la nation de plus aimable et de plus généreux.

Elle ne sera pas pour Napoléon une maîtresse de passage, elle sera une sorte d'*épouse à côté*; qui ne participera, à la vérité, ni aux dignités de la couronne ni aux splendeurs du trône, mais qui occupera un rang spécial, qui sera l'ambassadrice de son peuple près de l'Empereur, *sa femme polonaise.* Par un lien très léger encore, mais qu'elle pourra resserrer plus tard, elle unira le cœur de Napoléon aux destinées de la Pologne. Rien que par sa muette présence, elle l'obligera à se souvenir de ses promesses, à se justifier de ne les point tenir, lui imposera le remords de sa dette non payée.

Et, au fond, cela n'est pas si mal raisonné, car, presque chaque soir, il revient à ce problème que lui rappelle constamment cette femme.

Il sent bien, et il le lui dit, que ce n'est point lui qu'elle aime, mais sa patrie, et elle ne s'en défend point. Très franchement elle le déclare, et lui qui se mettrait en défiance s'il soupçonnait qu'une femme voulût le conduire ou se servir de lui, il livre son secret à cette enfant naïve et sincère ; il la sent si profondément détachée de ce qui fait l'ambition des autres femmes ! il souhaiterait tant la contenter ! et, débiteur insolvable, il ne peut lui payer le salaire qu'elle avait droit d'espérer.

« Tu peux être sûre, lu

dit-il, que la promesse que je t'ai faite sera remplie. J'ai déjà forcé la Russie à lâcher la part qu'elle usurpait, le temps fera le reste. Ce n'est pas le moment de réaliser tout, il faut patienter. La politique est une corde qui casse quand on la tend trop fort. En attendant, vos hommes politiques se forment. Car combien en avez-vous? Vous êtes riches en bons patriotes; vous avez des bras, oui, j'en conviens : l'honneur et le courage sortent par tous les pores de vos braves, mais cela ne suffit pas : il faut une grande unanimité. »

Sans cesse — et c'est là l'étrange et le surprenant, car

jamais homme n'a moins admis qu'une femme lui parlât de politique — sans cesse, et comme malgré lui, il revient dans ces entretiens du soir à ce qu'il faut faire pour améliorer le sort du peuple, pour répandre le bien-être, pour déterminer un effort unanime, fût-ce aux dépens de l'aristocratie possédante.

« Tu sais bien, lui dit il, que j'aime ta nation ; que mon intention, mes vues politiques, tout me porte à désirer son entier rétablissement. Je veux bien seconder ses efforts, soutenir ses droits : tout ce qui dépendra de moi sans altérer mes devoirs et l'intérêt de la France, je le ferai sans nul doute ; mais songe que de trop grandes distances nous séparent : ce que je puis établir aujourd'hui peut être détruit demain. Mes premiers devoirs sont pour la France, je ne puis faire couler le sang français pour une cause étrangère à ses intérêts et armer mon peuple pour courir à votre secours chaque fois qu'il sera nécessaire. »

De ces hautes pensées, par un revirement qui laisse son interlocutrice interdite, il tombe aux commérages des salons, aux historiettes particulières, aux anecdotes secrètes. Il veut qu'elle lui raconte la vie privée de chacun des personnages qu'il rencontre. Sa curiosité est insatiable et s'applique aux minuties. C'est pour lui le moyen de se former, en quelque lieu qu'il se trouve, en celui-ci surtout où de si grands intérêts sont en jeu, une opinion sur la classe dirigeante.

De cet ensemble de petits faits qui se gravent dans sa mémoire, dont il est si friand qu'il étonne de sa science la femme qui l'écoute, il tire ses conclusions, et elle s'aperçoit alors qu'elle a donné des armes contre elle-même : elle proteste, elle s'indigne du jugement qu'il porte, et la querelle finit par une tape légère qu'il lui donne sur la joue en lui disant :

« Ma bonne Marie, tu es digne d'être Spartiate et d'avoir une patrie. »

Il ne l'aimerait point comme il l'aime s'il ne s'occupait de ses toilettes. C'est chez lui une prétention d'y être passé maître.

« Vous savez que je me connais très bien en toilette », écrivait il à Savary.

Dès le Consulat, lorsqu'il s'agissait d'envoyer des présents de modes à quelque souveraine, reine d'Espagne ou de Prusse, c'est lui qui les choisissait.

A sa Cour, nulle femme mal habillée n'échappe à sa critique, et Joséphine même, qui l'a habitué au plus grand luxe, à l'élégance la plus recherchée, au goût le plus raffiné, n'est pas à l'abri des observations. Surtout il déteste les robes d'une couleur foncée, et Madame Walewska s'obstine à n'en porter que de très simples, et toujours blanches, grises ou noires. Celles-ci lui déplaisent infiniment, et il le lui dit.

« Une Polonaise, réplique-t-elle, doit porter le deuil de sa patrie. Quand vous la ressusciterez, je ne quitterai plus le rose. »

Ainsi, tout le ramène à ce même sujet; mais il ne s'en fâche point et son amour très vif n'en est pas diminué. C'est le temps où il écrit à son frère Joseph : « Ma santé n'a jamais été si bonne, tellement que je suis devenu plus galant que par le passé. » Et cette confidence est à ce point hors de ses habitudes qu'elle est significative.

Il ne lui suffit pas de voir sa maîtresse tous les soirs en particulier, il faut qu'elle soit de tous les dîners, de toutes les fêtes où il se rend pendant le temps qu'il passe à Varsovie avant la campagne d'Eylau. Et là, point d'instant où il ne veuille communiquer avec elle par ce langage mystérieux et muet qu'il lui a enseigné et où elle est maintenant bien plus experte que Duroc lui-même.

Elle comprend à présent ces gestes de la main, ces signes des doigts qui ne s'adressent qu'à elle seule, par lesquels elle seule suit une pensée d'amour qui n'est livrée qu'à elle, dans le même temps où l'Empereur soutient avec toute l'assemblée une conversation animée, une discussion sérieuse, qu'il raconte des événements avec une précision absolue ou qu'il prononce les plus solennels discours.

« Cela t'étonne? lui dit-il. Sache donc que je dois remplir dignement le poste qui m'est assigné. J'ai l'honneur de commander aux nations : je n'étais qu'un gland, je suis devenu chêne. Je domine, on me voit, on m'observe, de loin comme de près. Cette situation me force à jouer un rôle qui, quelquefois, peut ne pas m'être naturel, mais que je dois soutenir pour rendre compte, bien plus à moi-même qu'aux autres, de cette représentation commandée par le caractère dont je suis revêtu. Mais, tandis que je fais le chêne pour tous, j'aime à redevenir gland pour toi seule. Et comment ferais-je, quand la foule nous observe, pour te dire : « Marie, je t'aime ! » Et toutes les fois que je te regarde, j'ai cette envie-là, et je ne puis m'approcher de ton oreille sans déroger. »

Quand il transporte son quartier général à Finckenstein, il faut qu'elle le suive, et, là, c'est une existence mélancolique, toute semblable à celle qu'elle menait jadis à Walewice près de son vieux mari. La solitude en est uniquement coupée par les repas, tête-à-tête avec l'Empereur, servis par un simple valet de chambre de toilette. Les heures lentes sont usées à des lectures ou des tapisseries. La distraction, c'est la parade, regardée par les jalousies closes : une vie de recluse toute aux ordres et à la discrétion du maître, sans nulle société, nul plaisir, nulle coquetterie ; et, de cette vie, elle est satisfaite, bien plus que de la vie brillante, agitée et mondaine qu'elle avait à Varsovie.

Aussi réalise-t-elle pour lui le type de la femme tel qu'il a cru la trouver en Joséphine : la femme douce, complaisante, attentive, timide, qui n'a point de désirs, ni même, à ce qu'il semble, de volonté, qui est toute à lui, qui ne vit que pour lui, et qui, si elle attend de lui une grâce, c'en est une à ce point colossale, à ce point impersonnelle, qu'il est déjà d'une âme singulièrement haute d'en concevoir la chimère, et que l'espérer d'un homme c'est égaler presque cet homme à un dieu.

Tout cela est pour le prendre par ses fibres les plus intimes, et c'est pourquoi, lorsqu'il va quitter la Pologne sans avoir accompli le rêve pour lequel cette femme s'est donnée à lui ; lorsque, elle, désespérée et désabusée, après l'avoir conjuré une fois encore de lui rendre sa patrie, refuse de le suivre à Paris, annonce qu'elle va se retirer au fond d'une campagne pour y attendre dans le deuil et la prière la réalisation des promesses qu'il n'a point tenues, c'est lui, à son tour, qui supplie : « Je sais, lui dit-il que tu peux vivre sans moi... Je sais que ton cœur n'est pas à moi... Mais tu es bonne, douce; ton cœur est si noble et si pur! Pourrais-tu me priver de quelques instants de félicité passés chaque jour près de toi? Je n'en puis avoir que par toi, et l'on me croit le plus heureux de la terre. » Et il dit cela avec un sourire si amer et si triste, que, prise par un sentiment étrange de pitié pour ce maître du monde, elle promet de venir à Paris.

Elle y arrive au commencement de 1808, et désormais cette liaison mystérieuse, que traversent sans doute quelques infidélités de la part de Napoléon, mais qui n'en demeure pas moins, pour lui, sa grande, son unique affaire de cœur, s'établit sur un pied si étrange que, si l'on n'en avait trouvé des preuves certaines; si la confrontation de divers témoins qui, inconsciemment, fournissent çà et là quelques détails isolés, quelques dates authentiques, ne permettait de rétablir la chaîne des événements, on n'oserait affirmer la continuité de faits que les contemporains les mieux instruits ont paru ignorer.

Pendant la campagne de 1809 Madame Walewska se rend à Vienne, où une maison fort élégante a été préparée pour elle près du palais de Schœnbrunn ; elle y devient enceinte, et, après la paix de Vienne, elle retourne faire ses couches à Walewice, où naît, le 4 mai 1810, Alexandre-Florian-Joseph Colonna-Walewski.

N'est-on pas en droit de se demander, après ce qu'on sait à présent, si certaines des hésitations qu'a manifestées Napoléon au moment de traiter avec l'Autriche, ses incertitudes au sujet du sort qu'il ferait à la Pologne, n'ont pas été dues à la présence de celle à laquelle il avait si formellement promis le rétablissement de sa patrie ?

A la fin de 1810, après une

saison aux eaux de Spa, Madame Walewska, accompagnée de sa belle-sœur, la princesse Jablonowska, revient à Paris et y amène son fils nouveau-né : elle habite un joli hôtel dans la Chaussée-d'Antin, d'abord rue du Houssaie, n° 2, puis rue de la Victoire, n° 48. Tous les matins, l'Empereur envoie demander ses ordres. On met à sa disposition des loges dans tous les théâtres, on ouvre devant elle les portes de tous les musées. C'est Corvisart qui est chargé de surveiller sa santé ; c'est Duroc qui a mission expresse de satisfaire ses désirs, de lui procurer la vie matérielle la plus large et la plus agréable.

Un seul exemple de son pouvoir : à Spa, un jeune Anglais, M. S..., s'est permis une plaisanterie d'un goût contestable à l'égard de la princesse Jablonowska. La princesse, au retour, l'invite à les accompagner, elle et Madame Walewska, au Musée d'artillerie. Dans la salle des armures, la société s'arrête devant l'armure de Jeanne d'Arc, et, pendant que M. S... la considère, l'héroïne étend les bras, saisit le jeune Anglais et le presse contre son cœur. Il se débat, il étouffe, il demande grâce ; mais ce n'est que sur l'ordre de Madame Walewska que Jeanne d'Arc lui rend la liberté.

N'est-ce point là — surtout quand on sait la jalousie de Napoléon pour ses musées — une preuve certaine de puisssance ?

Aussi souvent qu'il peut s'échapper, l'Empereur vient passer quelques moments avec elle, ou bien il la fait venir au château avec son fils, auquel il a, dès l'arrivée, conféré le titre de comte de l'Empire.

Personne dans la société — sauf les Polonais — ne soupçonne cette relation ; Madame Walewska, en effet, se montre à peine, ne reçoit que quelques compatriotes. Sa tenue est parfaite, son train modeste, sa conduite extrêmement réservée. Si elle va prendre les eaux à Spa, ses belles-sœurs l'y conduisent. C'est chez sa belle-sœur, dans une maison louée à Mons-sur-Orge, qu'on appelait le château de Brétigny et qui appartenait à la duchesse de Richelieu, qu'elle passe la belle saison. Vainement veut-on l'entraîner : elle n'a point d'autre préoccupation que de cacher ce dont tant d'autres femmes seraient si fières. Cette maison de campagne qu'elle habite, fort modeste, tout à fait retirée, est son univers, et elle n'en sort que le moins possible. Néanmoins, on s'occupe d'elle chez les ambassadeurs et même les espions;

et c'est pour dire entre autres sottises qu'elle a à la Cour officiellement les *petites entrées*. Les petites entrées qu'elle avait, n'étaient en rien officielles.

Au commencement de 1812, l'état des relations avec la Russie fait prévoir la guerre prochaine ; on s'en réjouit fort à Mons. La princesse Jablonowska reçoit de Varsovie lettres sur lettres annonçant que l'Empereur a pris l'engagement positif de rétablir la Pologne dans son intégrité. Toutes ces dames s'empressent d'écrire à leurs intendants qu'on ouvre leurs châteaux aux Français, qu'on les y traite comme on traiterait les maitres. C'est pour l'Empereur une exaltation presque déraisonnante.

Dans la soirée, on chante des airs nationaux, on tire des feux d'artifice; on danse même, mais la mazurka. Le matin, on fait dire des messes et l'on assiste à des neuvaines. Pas une de ces dames qui n'ait au bras l'écharpe aux couleurs nationales. C'est une reprise, mais presque plus violente des accès de 1807 et de 1809.

Un jour, chez la Princesse, Kosciusko arrive en visiteur. Il voit cet enthousiasme, ce délire, ces écharpes : il s'approche de la maîtresse de la maison, et, sans rien dire, dénoue l'écharpe qu'il presse sur son cœur.

Kosciusko était-il en droit de préjuger ainsi des desseins de Napoléon? En tout cas, les intentions de Napoléon à l'égard de Madame Walewska se trouvent affirmées à cette date même par un acte à ce point exceptionnel qu'il est impossible de n'y point voir en même temps qu'une précaution prise, à la veille d'une grande guerre, contre toutes les éventualités, une avance marquée aux genstilshommes polonais dont l'Empereur tient à exciter le dévouement.

Voici cet acte unique en son genre, car il déroge expressément à tous les principes qui

. . . .

ont servi de base à la Noblesse impériale et il rappelle par certaines de ses clauses les dispositions prises par Louis XIV à l'égard des Légitimés.

Au palais de Saint-Cloud,

le 5 mai 1812.

NAPOLÉON, EMPEREUR DES FRANÇAIS, ROI D'ITALIE, PROTECTEUR DE LA CONFÉDÉRATION DU RHIN, MÉDIATEUR DE LA CONFÉDÉRATION SUISSE, ETC., ETC., ETC.

Nous avons décrété et décrétons ce qui suit :

ARTICLE PREMIER. — Les biens situés dans le royaume de Naples désignés dans l'état ci-joint et qui font partie de notre domaine privé, sont donnés comme nous les donnons par le présent décret au

. . . .

comte Alexandre-Florian-Joseph Colonna Walewski, pour composer le majorat que nous instituons en sa faveur et auquel nous affectons le titre de comte de l'Empire.

ART. 2. — Ces biens seront transmissibles à la descendance directe, légitime, naturelle ou adoptive, de mâle en mâle, par ordre de primogéniture, dudit comte Walewski.

ART. 3. — S'il arrive que le comte Walewski vienne à décéder sans enfants mâles, nous ordonnons que ses filles, s'il en a, nées d'un légitime mariage, soient appelées à recueillir les biens composant le majorat et à les diviser entre elles par parties égales.

ART. 4. — Dans le cas prévu par le précédent article, la part des susdits biens échéant à chacune des filles du comte Walewski sera transmissible avec le titre de comte à la descendance directe, légitime, naturelle ou adoptive, de mâle en mâle, par ordre de primogéniture, de celle qui l'aura recueillie.

Art. 5. — Conformément à nos statuts du 1er mars 1808, les biens composant le majorat du comte Walewski feront retour à notre domaine privé, 1° si le dit comte Walewski décède sans postérité; 2° par l'extinction de la descendance masculine; 3° par l'extinction de la ligne masculine de chacune des filles dudit comte Walewski, qui, par l'effet de l'article 3, auraient été appelées à recueillir une portion du majorat.

Art. 6. — Jusqu'à la majorité du comte Walewski, nous entendons que la dame Marie comtesse

Colonna Walewska, née Laczinska, sa mère, ait la pleine et entière jouissance des revenus et fruits composant le majorat, à la charge pour elle de pourvoir à l'entretien et à l'éducation de son fils suivant son état, comme aussi d'administrer lesdits biens ainsi que le ferait un bon père de famille et sans que ladite dame Walewska soit tenue de rendre aucun compte des revenus et fruits desdits biens, duquel compte nous la dispensons par exprès.

ART. 7. — A compter de la majorité du comte Walewski et lorsqu'il sera rentré en pleine jouissance de son majorat, nous le chargeons de payer à ladite dame Walewska, sa mère, une pension annuelle et viagère de cinquante mille francs.

ART. 8. — Arrivant le cas prévu

par l'article 3, où par le décès du comte Walewski sans postérité mâle le majorat se trouverait transporté aux filles dudit Walewski, chacune d'elles sera tenue de payer la susdite pension pour la part qu'elle aura recueillie dans les biens du majorat.

Art. 9. — Si le majorat fait retour à notre domaine privé, nous entendons que ladite dame Walewska conserve jusqu'à son décès la pleine et entière jouissance des revenus et des fruits des biens composant le majorat.

Art. 10. — L'état des biens que nous affectons au majorat du Comte Walewski sera adressé avec le présent décret à notre Cousin le Prince Archichancelier de l'Empire, afin que, sur les poursuites et diligences de ladite dame Walewska, il fasse rédiger dans les formes ordinaires les lettres patentes conformes aux dispositions du présent décret, comme aussi pour qu'il ait à procéder à l'acte de l'investiture que nous autorisons ladite dame Walewska à prendre au nom de son fils, dérogeant à cet égard et en tant que besoin à toutes lois, règles et usages contraires.

ART. 11. — Après l'expédition de nos lettres patentes et lorsque ladite dame Walewska aura pris l'investiture, l'Intendant général de notre Domaine privé mettra ladite dame Walewska au nom de son fils en possession des biens dont nous disposons par le présent décret et lui remettra tous les titres qui en justifient la propriété.

ART. 12. — Notre Cousin, le Prince Archichancelier de l'Empire

....

et l'Intendant général de notre Domaine privé sont chargés chacun en ce qui les concerne, de l'exécution du présent décret.

NAPOLÉON.

Par l'Empereur :

Le Ministre Secrétaire d'État Intendant général du Domaine privé,

LE COMTE DARU.

Ce majorat composé de soixante-neuf fermes ou parcelles de terre louées à divers moyennant une somme totale de 169,516 fr. 60 provenait des biens réservés par l'Empereur lors de l'accession de Murat au trône de Naples et formait le reliquat des domaines qui avaient servi à établir les dotations des ducs d'Otrante, de Gaete, et de Tarente et du comte Régnier.

Les lettres patentes furent signées par l'Empereur à Konisberg le 15 juin ; l'investiture du majorat fut donnée par le Conseil du Sceau le 13 août, le mandataire de Madame Walewska prit possession le 12 octobre, et la jouissance des loyers data du commmencement de l'année rurale.

A partir de ce moment, il semble que Madame Walewska se répande davantage dans le monde. Ce n'est pas parce que, sur les invitations réitérées de Joséphine, elle se rend à Malmaison avec son fils que l'Impératrice comble de joujoux et de cadeaux ; mais c'est qu'on lui voit des toilettes qui ne peuvent être faites que pour la Cour impériale. Voici paraître en 1813 deux *grands habits* : l'un est une robe de velours noir avec chérusque en tulle lamé d'or fin, l'autre un grand habit en tulle blanc avec chérusque et toque à plumes.

Jusque-là, bien qu'elle soit élégante et que, pour ses robes du soir, elle dépense, chez Leroy seulement, plus de trois mille francs par semestre, elle n'a point de robes de cour. Dans ses toilettes, elle continue à affectionner le blanc ou les nuances éteintes, un peu endeuillées; on lui voit des robes en levantine lilas, en tulle blanc avec trois montants d'acacia, en tulle blanc garni en roses effeuillées et appliquées; ou bien c'est le blanc et le bleu : comme une robe en taffetas ombré bleu et blanc, une robe en tulle bleu garnie de bruyères et de marguerites blanches...

Napoléon, pour se souvenir d'elle, n'a pas besoin qu'elle se montre à la Cour : il n'en faut pour preuve qu'une lettre écrite de Nogent, le 8 février 1814, au milieu des angoisses de la Campagne de France, au lendemain de

Brienne, à la veille de Champaubert : craignant que Murat ne confisquât la première dotation, il a chargé son trésorier général, M. de La Bouillerie, d'établir un nouveau majorat de cinquante mille livres de rente pour le jeune comte Walewski, de façon que, en cas qu'il mourût, sa mère en fût héritière. Il s'inquiète à la pensée que toutes les formalités ne sont pas accomplies, que les actions sur les Canaux, formant 30,000 livres de rente, ne sont point immobilisées, que les vingt autres mille francs de rente sur le Grand livre ne sont point inscrits, et il écrit de sa main à La Bouillerie :

. . . .

« J'ai reçu votre lettre relativement au jeune Walewska. Je vous laisse carte blanche. Faites ce qui est convenable, mais faites de suite. Ce qui m'intéresse, c'est surtout l'enfant, et la mère après.

« *N.* »

Nogent, 8 février.

De cela, elle ne sait rien, car jamais âme ne fut plus désintéressée que la sienne. A Fontainebleau, aux derniers jours, lorsque l'Empereur, abandonné de tous, venait de chercher dans la mort un asile que sa destinée lui refusa, elle arrive, et, toute une nuit, dans une antichambre, elle attend qu'il la fasse appeler. Lui, absorbé par ses pensées, épuisé par cette crise physique qu'il vient de traverser, ne songe à la demander qu'une heure après qu'elle est repartie. « La pauvre femme! dit-il, elle se croira oubliée! »

Elle lui écrit et, de sa main, il répond :

« *Marie, j'ai reçu votre lettre du 15. Les sentiments qui vous animent me touchent vivement. Ils sont dignes de votre belle âme et de la bonté de votre cœur. Lorsque vous aurez arrangé vos affaires, si vous allez aux eaux de Lucques ou de Pise, je vous verrai avec un grand et vif intérêt ainsi que votre fils pour qui mes sentiments seront toujours invariables. Portez-vous bien, n'ayez point de chagrin, pensez à moi avec plaisir et ne doutez jamais de moi.*

« *N.* »

Le 16 avril.

Au mois d'août, elle est à Florence. Elle va à Naples réclamer près de Murat le maintien de la dotation de son fils ; profitant de la relâche à Porto-Ferrajo, elle sollicite de voir l'Empereur. Depuis le 20 août, il est installé à l'Ermitage de la Madonna de Marciana. C'est dans une forêt de châtaigniers centenaires, où les grandes chaleurs l'ont forcé à se réfugier, près d'une chapelle bien bâtie, une maison faite d'un rez-de-chaussée composé de quatre petites pièces. Les ermites que Napoléon n'a point voulu déposséder sont installés dans la cave. Pour la suite, bien peu nombreuse, composée du capitaine de gendarmerie Paoli, de Bernotti, officier d'ordonnance, de quelques mamelucks et seulement de deux valets de chambre, Marchand et Saint-Denis, on a dressé, sous les châtaigniers, une tente de grandes dimensions, près d'une source qui se perd dans un tapis de mousse fraîche tout embaumée de muguet, d'héliotrope et de violettes. Point de cuisine :

l'Empereur descend pour dîner à Marciana où est installée Madame Mère et remonte chaque soir à son ermitage.

Au reçu de la lettre de Madame Walewska les ordres sont expédiés avec le plus grand mystère et de façon que le secret soit le mieux gardé. C'est à la nuit close qu'elle débarque le 1er septembre ; elle trouve au port une voiture à quatre chevaux et trois chevaux de selle. Elle monte dans la voiture avec son fils ; sa sœur, qui l'accompagne, son frère, le colonel Laczinski, en uniforme polonais, se mettent à cheval et l'on part sous un merveilleux clair de lune. A Procchio, l'on rencontre l'Empereur venu à la rencontre suivi de Paoli et des deux mamelucks. Madame Walewska prend elle-même un cheval, car on ne peut songer à faire rouler plus loin la voiture; Bernotti se charge de l'enfant et l'on arrive tant bien que mal au haut de la montagne. A la maison, l'Empereur dit en se découvrant à la visiteuse :

« Madame, voilà mon palais », et il abandonne aux deux dames la disposition des quatre petites pièces qui le composent et où des lits ont été dressés.

Lui-même se réfugie sous la tente, dans les murs de laquelle dorment les deux

valets de chambre. La fin de la nuit est orageuse : grand vent, grande pluie. Au matin piquant, l'Empereur, qui n'a pas dormi, appelle Marchand. Celui-ci lui raconte que le bruit s'est répandu à Porto-Ferrajo que la visiteuse est Marie-Louise et que l'enfant qu'elle amène est le Roi de Rome. Sur ce bruit, le docteur Foureau s'est empressé de se rendre à l'Ermitage pour offrir ses services et il est là, attendant les ordres.

L'Empereur, habillé, sort de la tente. Un beau soleil, que tamise l'ombre épaisse des châtaigniers, a déjà ressuyé les terrains d'alentour. Dans ce paysage, cueillant des fleurs

....

de la montagne, joue l'enfant mystérieux. Napoléon l'appelle et, s'asseyant sur une chaise que Marchand a apportée, le prend sur ses genoux. Puis, il fait chercher Foureau qui se promène dans les environs.

« Eh bien, Foureau, lui dit-il, comment le trouvez-vous?

— Mais, Sire, répond le docteur, je trouve le Roi bien grandi. »

Napoléon rit de bon cœur, car le jeune Walewski a un an de plus que le Roi de Rome, « mais la beauté de ses traits, ses cheveux blonds bouclés répandus avec profusion sur ses épaules lui donnent une grande ressemblance » moins avec le Roi de Rome qu'avec le portrait qu'Isabey a fait de lui où il l'a vieilli, peut-être à dessein.

Napoléon plaisante quelques instants le docteur, et le congédie en le remerciant de l'empressement qu'il a mis à venir offrir ses services. Madame Walewska paraît à son tour, sortant de la maison. Depuis les jours de Varsovie, elle a pris un peu d'embonpoint, mais sa taille n'a pas souffert et sa physionomie ouverte et calme est demeurée aussi attrayante. Quant à sa sœur, âgée de dix huit ans, elle a « une tête d'ange ». C'est une de ces enfants blondes dont la jeunesse a le parfum d'une fleur rare.

La table est dressée sous les châtaigniers : le déjeuner arrive tout préparé de Marciana et le repas est plein de gaieté. Puis la journée se passe en causeries et en promenades aux environs.

Au dîner, l'Empereur veut que l'enfant, qui n'a point déjeuné avec lui, soit assis à ses côtés. Mme Walewska résiste, disant que son fils est trop turbulent, mais Napoléon l'exige. Il n'a pas peur des espiègleries ; lui même, en son enfance, était très volontaire et très diable.

« Je donnais des coups à Joseph, et je le forçais encore à faire mes devoirs. Si j'étais puni par du pain sec, j'allais l'échanger contre le pain de châtaignes de mes bergers, ou bien j'allais chez ma nourrice qui me donnait des poulpettes. »

L'enfant, d'abord très sage, ne tarde pas à s'émanciper et l'Empereur lui dit :

« Tu ne crains donc pas le fouet ; eh bien ! je t'engage à le craindre. Je ne l'ai reçu qu'une fois, et je me le suis toujours rappelé. »

Et il raconte alors son aventure ; comment, en son enfance, Pauline et lui se sont moqués de leur grand'-mère et comment ils ont été fouettés par *Madame* qui n'entendait point raillerie.

« Mais je ne moque pas de maman », répond l'enfant avec un air contrit qui ravit l'Empereur.

Il l'embrasse tendrement en lui disant :

« C'est bien répondu. »

Le soir tombe et, à 9 heures, les visiteurs repartent pour s'embarquer. L'Empereur les accompagne jusqu'à la plage, et, en embrassant son fils, on l'entend murmurer : « Adieu, cher enfant de mon cœur. » Madame Walewska, pour les frais de son voyage, emporte un bon de 61,000 francs sur le trésorier de l'Empereur et son arrivée à Naples est d'autant plus opportune que, par un décret du 15 septembre, le roi Joachim Napoléon va confisquer toutes les dotations constituées par le gouvernement français. Seule, elle obtient, par un nouveau décret du 30 novembre, une exception en faveur de son fils, et Murat signe une donation nouvelle aux mêmes conditions que l'Empereur avait posées. Son séjour à Naples se prolonge assez pour qu'elle s'y trouve encore à la fin de mars 1815.

Dès qu'elle apprend le retour de Napoléon à Paris, elle se hâte d'accourir et, parmi ces femmes dont le dévouement survit à la fortune et qui se montrent les plus assidues à l'Élysée et à

Malmaison, c'est elle qu'il faut citer la première.

Mais, après le départ pour Sainte-Hélène, elle se crut libre. M. Walewski étant mort depuis 1814, elle épousa en 1816, à Liège, où il avait dû se réfugier après le second retour des Bourbons, un cousin de l'Empereur, le général comte d'Ornano, ancien colonel des Dragons de la Garde, un des plus brillants et des plus braves officiers de la Grande-Armée. Ce mariage affecta vivement le captif de Sainte-Hélène. « L'Empereur, dit un de ses compagnons, avait toujours conservé une tendresse extrême à Madame Walewska, et il n'était pas dans sa nature de permettre à ce qu'il aimait d'aimer autre chose que lui. » Au reste, la pauvre femme n'eut point le temps de se familiariser avec le bonheur. Le 9 juin 1817, elle accouche à Liège. Elle rentre à Paris, où son mari a obtenu de revenir, et, à peine arrivée, elle meurt en son hôtel de la rue de la Victoire, le 15 décembre 1817.

Quant à son fils, dont l'Empereur avait dit dans son testament : « Je désire qu'Alexandre Walewski soit attiré au service de la France dans l'armée », on sait quelle brillante carrière il a remplie. Sa vie de soldat, d'écrivain, de diplomate et d'homme d'État est mêlée trop intimement à l'histoire contemporaine pour qu'il soit nécessaire de s'y étendre, et pour qu'il soit opportun de l'apprécier.

Imprimerie des Nouvelles Collections Guillaume

E. GUILLAUME, DIRECTEUR

Borel. — 110, avenue d'Orléans. Paris

Catalogue

Extrait du Catalogue

Des Collections Edouard Guillaume

Collection "Lotus bleu"

Format 7 × 14

Prix : 1 franc le volume

Par la poste : 1 fr. 25

A. DAUDET. . .	*Contes d'Hiver* . . .	1 v.
EMILE ZOLA . .	*Pour une Nuit d'Amour*	1 v.
A. DAUDET . . .	*Trois Souvenirs*. . .	1 v.
DE GONCOURT .	*Première Amoureuse*	1 v.
A. DAUDET. . .	*L'Enterrement d'une Etoile*.	1 v.
J.-H. ROSNY . .	*Elem d'Asie*	1 v.
CH. NODIER. . .	*Thérèse Aubert* . . .	1 v.
J. LORRAIN. . .	*Une Femme par jour*	1 v.
CHATEAUBRIAND	*Le Dernier Abencerage*	1 v.
A. HERMANT. .	*Deux Sphinx*. .	1 v.
EMILE ZOLA . .	*Madame Neigeon* . .	1 v.
J. CLARETIE . .	*La Divette*	1 v.
R. DE FLERS. .	*La Courtisane Tara et son Singe vert*.	1 v.
J.-H. ROSNY. . .	*Nouvel Amour*. . .	1 v.
A. THEURIET. .	*Philomène*.	1 v.
JEAN LORRAIN .	*M. de Bougrelon* . .	1 v.
C. LEMONNIER .	*L'Aumône d'Amour*.	1 v.
J.-H. ROSNY. .	*La Tentatrice*. . . .	1 v.
G. BEAUME . .	*Perrette*	1 v.
JEAN VIOLLIS.	*L'Émoi*	1 v.
A. THEURIET. .	*Lilia*	1 v.

www.ingramcontent.com/pod-product-compliance
Ingram Content Group UK Ltd.
Pitfield, Milton Keynes, MK11 3LW, UK
UKHW021045230726
13926UKWH00004B/1657

9 782014 464818